JONA

UND SEINE GESCHICHTE MIT GOTT

KATRIN GRIECO &
ARABELL WATZLAWIK

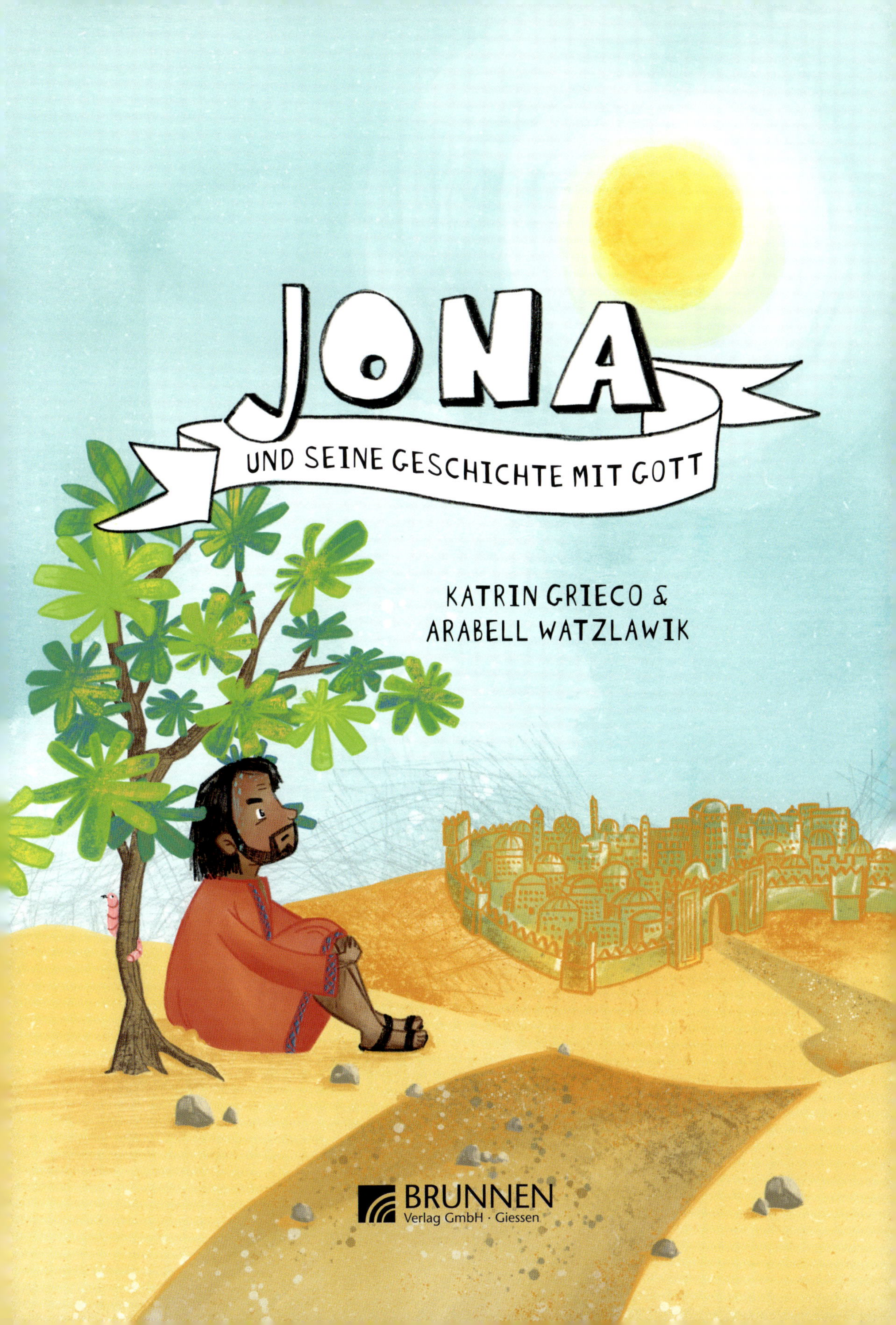

BRUNNEN
Verlag GmbH · Giessen

Illustration: Arabell Watzlawik
Brillenbär-Logo: Arabell Watzlawik
Umschlaggestaltung: Daniela Sprenger/
Brunnen Verlag GmbH
Satz: Sören Pflaum/Brunnen Verlag GmbH
Druck: GRASPO CZ, a.s., Zlín, Tschechien
ISBN 978-3-7655-3607-6

www.brunnen-verlag.de

Liebe Eltern!

Wir wünschen Ihnen besondere Momente mit den Büchern aus der Brillenbär-Reihe im Brunnen Verlag. Entdecken Sie gemeinsam mit Ihren Kindern Gottes Liebe im Leben von Menschen.

Die biblischen Geschichten werden in kurzen, einfachen Sätzen erzählt. Bilder ersetzen die Hauptwörter und ermöglichen schon den ganz Kleinen, Spaß am Lesen zu entwickeln. Die Bilder werden auf den letzten Seiten in einer Übersicht erklärt. Je nach Lesestand wechseln Sie sich mit den Kindern beim Lesen ab und verbringen fröhliche Momente voll bunter Geschichten mit rotem Faden. In diesem Buch haben wir ein hebräisches Wortspiel aufgegriffen. Das Wort „hapak" kündigt nicht nur Vernichtung an, sondern auch eine grundlegende Veränderung, die positiv aussehen kann … Lassen Sie sich überraschen!

Ihr Brillenbär

Inhaltsverzeichnis

1. Botschaft von Gott 11

2. Gebet im Fisch 28

3. Botschaft für Jona 36

4. Dein Jona-Rätsel 52

Das ist . Jona ist ein Prophet.

Das ist ein  von Gott.

Er richtet den  aus, was Gott

ihnen sagen will.

1. Botschaft von Gott

„, ich habe einen Auftrag für dich.“

Der  bleibt ruhig. Er kennt das schon, dass Gott mit ihm spricht. Er wartet auf das, was Gott sagen will.

Aber dann ist er gar nicht mehr ruhig. Sein  fällt um.

Gott sagt: „Geh in die große  Ninive.“ Die 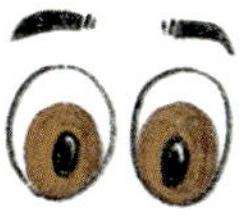 von  werden groß. Gott hat ausgerechnet eine Botschaft für Ninive? Kennt Gott die  dort denn nicht? Oh doch. Gott sagt: „Die  dort sind böse und gemein. So geht das nicht weiter. Sie werden mich noch kennenlernen. Nichts soll in der  so bleiben, wie es ist.“

Dann ist es still.  legt die  an sein 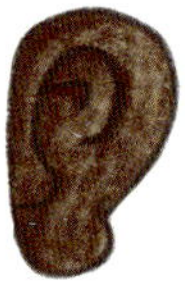. Aber da ist nichts mehr zu hören. Das ist der Auftrag von Gott.

 nimmt seine . Aber er will nicht in die  Ninive.

Er will kein 

für diese

gemeinen  sein.

Er will genau in die andere Richtung.

 nimmt den  zum .

Da sind viele .  geht zu

dem .

Er fragt: „Wohin geht die Reise?"

Der  sagt: „In die  Tarsis."

Das findet  gut. Tarsis ist weit weg

von der  Ninive.

 gibt dem  einige 

aus seiner .  geht auf

das .

Das  ist ruhig. Es sind keine  zu sehen. Die  sind klein und das  schaukelt langsam auf und ab.

 schaut über die . Er mag die Reise. So kommt er weit weg von der  Ninive. Er legt sich im  schlafen.

Da verdecken  die .

Es wird dunkel.

Der  ruft laut über das :

„Ein  KOMMT!“

Die  auf dem  fahren

schon lange über das .

Sie wissen: das Wetter kann schnell

anders werden.

Ein  pustet das  auf.

Aus dem  wird ein .

Diesen  und  hat Gott

geschickt.

Gott will sich vorstellen.

, die  auf dem  und die

 in der  Ninive dürfen

erleben, wie Gott ist.

Denn Gott liebt alle .

Und alle möchte er retten.

Riesige  schwappen 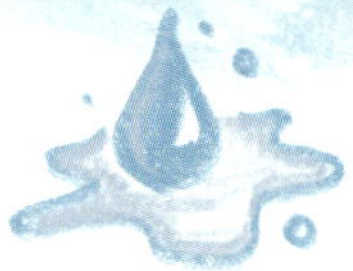

in das .

Der  geht zu . Er sagt: „Wach auf. Wie kannst du schlafen? Es ist . Das  sinkt."  wacht auf. Er glaubt an Gott, der das  und das 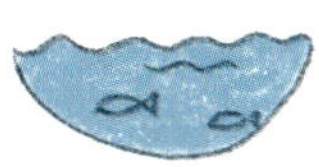 geschaffen hat. Deswegen bleibt er ruhig.  sagt: „Werft mich vom . Dann wird der  aufhören."

Was sagt ? Die  sollen ihn in die  werfen?

Die  nehmen ihre  in die 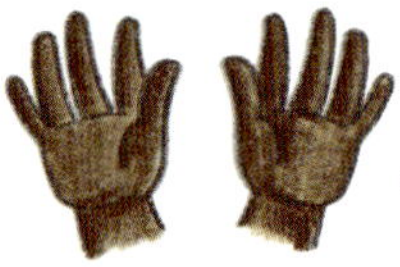. Sie sind stark. Und sie geben alles. Sie wollen an .

Aber die  sind stärker.

Jetzt machen sie das, was  sagt.

Sie nehmen ihn und werfen ihn vom  in die .

Der  ist groß. Aber Gott ist größer. Sofort hört der  auf.

Kein 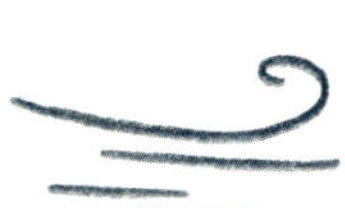 mehr. Keine .

2. Gebet im Fisch

 versinkt im .

Um ihn und über ihm

ist nur noch 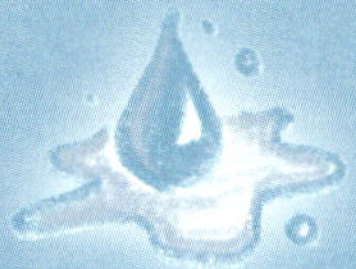.

Da sind . Mehr erkennt er nicht. Er sieht nichts und hört nichts. Und genau da unten, möchte Gott, dass  ihn kennenlernt.  soll wissen, dass Gott ihn liebhat und auch aus der Tiefe rettet. Er schickt einen großen  zu . Und der  schluckt .

Es ist dunkel im . Aber 

merkt: Gott ist auch hier nah bei ihm.

Gott ist nicht nur in dem ,

aus dem  kommt.

Gott ist überall den  nah. Gott liebt die  und will retten.

 betet im  zu Gott.

Drei Tage bleibt  im  .

Er sagt zu Gott:

„Du hörst, wenn ich um Hilfe rufe.

Du schenkst mir neues Leben.

Ich danke dir. Ich will dein  sein.

Ich sehe: Du bist ein Gott, der mich

rettet.“

Da sagt Gott zu dem  :

„Spuck meinen  wieder an “.

Das macht der  .

Und wieder soll  in die 

Ninive gehen.

 macht sich auf den .

3. Botschaft für Jona

In der  Ninive ruft er laut.

Er schimpft mit dem .

Er droht mit der .

„Ihr  in Ninive, ihr werdet Gott

noch kennenlernen. Ihr seid immer

gemein und böse. In eurer 

soll nichts mehr bleiben, wie es ist.

Gott wird die  aus Strafe

zerstören. Mit allem,

was darin ist."

Die  hören ihm zu. Sie kennen Gott nicht. Aber sie wollen ihn kennenlernen. Sie wollen an Gott glauben. Auch der  hat gehört, was  gesagt hat.

Er sagt: „Wir  in Ninive waren gemein und böse. Wir wollen zeigen, dass es uns leidtut. Alles hier soll sich ändern. Wir wollen Gott kennenlernen, vielleicht rettet er auch , wie uns.“

 sitzt vor der  auf einem . Er wartet darauf, dass Gott die  nun zerstört. Aber nichts passiert. Und trotzdem ist in Ninive nichts mehr so, wie es war.

Die  haben

Gott kennengelernt.

Nur eben anders,

als  gedacht hatte. Das hat sie

verändert. Gott liebt auch die 

in dieser . Auch sie will er

retten. Gott freut sich, dass sie ihn

kennenlernen wollen.

 ärgert sich. Was will Gott denn mit diesen , die bisher immer so gemein waren?

Da lässt Gott einen  wachsen, groß wie ein . Die  sind größer als die 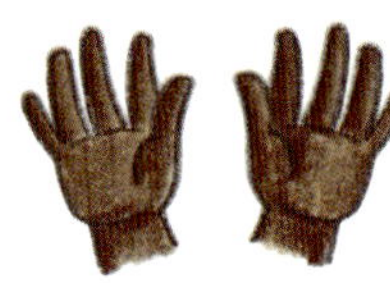 von . Die  ist heiß und es gibt keinen . Mit dem  hat  einen guten Platz im . Das freut .

HMM...
MAMP
SCHMATZ

Aber dann schickt Gott einen

kleinen 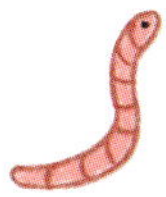.

Der zerknabbert die 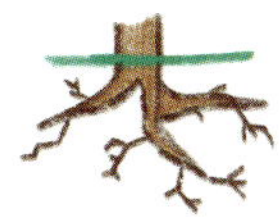 unter dem

.

Jetzt werden die  braun und

fallen ab.

 schimpft.

Die  ist heiß.

Die ganze Reise ärgert ihn.

Wenn Gott die  gar nicht bestraft, wäre  lieber zu Hause geblieben. Und jetzt ist auch noch der schöne  kaputt.

Da spricht Gott noch einmal zu ihm: „Für dich ist der  so wichtig, dass du ihn gerne gerettet hättest.“

Gott fragt: „Wie viel mehr sind mir denn  wert im Vergleich zu einem  ? Soll ich denn nicht die  Ninive mit all den  retten?“ Gott stellt  nur diese Fragen. So kann auch  Gott noch besser kennenlernen.  hat es erlebt: in den , im  und auf dem  vor der  durfte er Gott kennenlernen.

Und auch für  ist damit nichts mehr so, wie es war. Er hat es erlebt: Gott ist ein rettender Gott, der alle  liebt.

Auflösung der Hauptwörter/Bilder

Jona 

Bote 

Stuhl 

Stadt 

Augen 

Menschen 

Ohr 

Tasche 

Weg 

Hafen 

Schiff 

Schiffe 

Kapitän 

Münzen 

Meer 

Wolken 

Wind 

Sonne 

Sturm 

Segel 

Männer 

Wasser 

Wellen 

Land 

Ruder 

Algen 

Fisch 

Bauch 

Faust 

Finger 

Hand 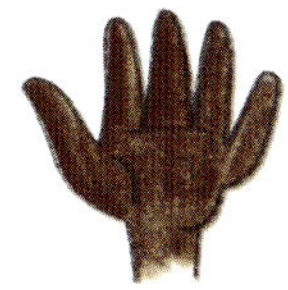

König 

Hügel 

Strauch 

Baum 

Blätter 

Hände 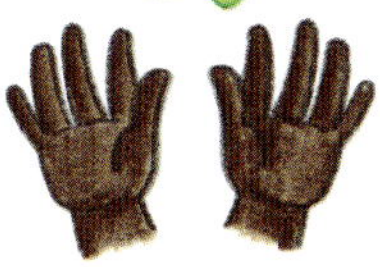

Schatten 

Wurm 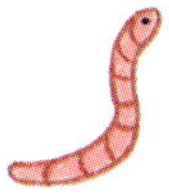

Wurzel 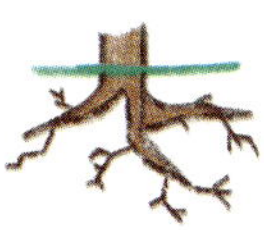

Dein -Rätsel:

1) Wofür war  bekannt?

- O Er war ein .
- O Er war ein  für Gott.
- O Er war ein .

2) Wohin soll  gehen?

- O In die  Ninive
- O An den 
- O Auf den 

3) Was stellt  im  fest?

- O Am besten wäre  zu Hause geblieben.
- O Ein  ist ein hungriges Tier.
- O Gott ist ein Gott, der mir nachgeht und mich rettet.

4) Was erleben die  in Ninive?

- O Sie hören zu und lernen Gott kennen.
- O Es kommt ein großer .
- O Es hört nicht mehr auf zu regnen.

5) Welches Tier zerknabbert die Wurzel?

Kreise ein

 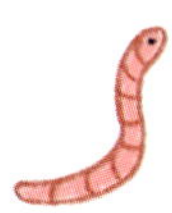 

6) Was hat  erlebt? Trenne die einzelnen Worte im Bandwurmsatz.  hat es erlebt:

GOTTISTEINRETTENDERGOTT,DERALLEMENSCHENLIEBT.